AF258208

SOCIÉTÉ

DES AMIS DE LA LIBERTÉ ET DE L'ÉGALITÉ;

Séante aux ci-devant Jacobins Saint-Honoré, à Paris.

CIRCULAIRE

AUX SOCIÉTÉS AFFILIÉES.

Paris ce 7 Janvier 1793.

Républicains, frères et amis,

Les dangers intérieurs de la patrie croiſſent à chaque inſtant ! la ſurveillante ſollicitude, de la ſociété des jacobins augmente en proportion. Puiſſent ſes efforts courageux parvenir à ſauver encore la chofe publique ! & cet heureux fruit de notre perfévérance nous confoler bientôt de ces jours d'inquiétudes & de douleurs, que nous ont ramené depuis trois mois les intrigans, les ambitieux & les fcélérats de toute efpèce !

Mais hélas ! fi l'efpérance de ne pas combattre envain pour le falut du peuple, nous foutient toujours fermes, toujours inébranlables au milieu de la carrière que nous avons entreprife; combien, toutefois, nous devons concevoir d'allarmes pour nos deux filles chéries, LA LIBERTÉ, L'ÉGALITÉ, dont le berceau, malgré toute la vigilance de nos foins, fe rrouve plus que jamais fouillé de l'haleine empeftée du fanatifme & de l'ariftocratie.

Car, ce couple hideux de ferpens a été, depuis le 10 août, réchauffé à deffein dans les foyers d'un adroit hypocrite qui, pour employer à fon gré leurs venins, s'eft fait publiquement le finiftre dépofitaire de toutes les terreurs, de tous les fiflemens des deux monftres.

Ils font préfentement, grace à fes foins perfides, reffufcités des journées d'août & de feptembre, & parfaitement rétablis dans toute leur vigueur liberticide; elle leur donne même déjà cet air infolent, ce degré d'éfronterie qui néceffita le fecond tome de la révolution.

Oui, frères & amis, nous vous l'atteftons comme

la plus affligeante des vérités : l'efprit public eft cruellement égaré ; le prêtre, le courtifan & les fuppôts de l'ancienne magiftrature, ont renoué ouvertement leur criminelle coalition ; ils fe flattent hautement de relever l'autel, le trône & les parlemens : ils parlent, ils écrivent, ils agiffent en conféquence. Ils trouvent protection, & dans la convention, & dans le miniftère. Témoins, entr'autres, les Gauthier, les Rivarol, les Lafaye, auteurs des libelles exécrés, & du journal de la Cour & de la Ville, dont plufieurs députés viennent d'avoir l'impudeur de fe faire les apologiftes, au fein même de la convention.

Aujourd'hui, comme au premier d'août, il eft permis, il eft d'ufage dans tous les cercles des foi-difans honnêtes gens, de dire beaucoup de mal des patriotes, & beaucoup de bien des royaliftes. Toutes les injures, toutes les épigrames, font contre les patriotes ; toutes les plaintes, toute la pitié, toute la faveur même, font pour ces pauvres ariftocrates qui ont eu le chagrin de voir périr une partie de leurs amis ou parens, dans les prifons, & le refte émigré. Et cette famille fi injuftement prifonnière au Temple ! ah ! il eft du bon ton, du ton de la meilleure fociété, de la plaindre beaucoup, d'afficher hautement l'intérêt que l'on y prend ! Quel plaifir n'a-t-on pas d'avance,

(4)

en se figurant que la convention nationale va la déclarer complètement innocente !

On verra bientôt, disent-ils, que ces Jacobins ont fait tout le mal : l'innocence de *notre bon roi* sera reconnue ; & comme l'on sentira bientôt, par tous les troubles qui agitent la république, que ce genre de gouvernement ne convient point aux françois, l'on arrivera insensiblement au point de supplier très-humblement, le vertueux Louis XVI & sa vertueuse compagne, de vouloir bien reprendre leur place, & faire disparoître du sein de la patrie jusqu'au nom de patriote.

Oui, républicains, rougissez d'indignation, en apprenant de tels propos ; mais sachez qu'ils se tiennent en mille endroits, chaque jour, par une troupe de femmes perdues qui vivoient des débauches d'une cour dissolue, & par un nombre incalculable de fripons qui partageoient avec elle ses déprédations, & dévoroient la subsistance du peuple.

Sachez qu'ils se tiennent même dans les lieux publics, depuis le procès de Louis XVI. La plupart des journaux écrivent dans ce sens pervers ; & déjà les spectacles les plus fréquentés donnent librement des pièces contre-révolutionnaires.

Il est donc évident que l'esprit public est corrompu.

Mais, qui l'a corrompu ?

(5)

Comment l'a-t-on corrompu ?

Et quel eſt le but ſecret de ceux qui l'ont voulu corrompre?

C'eſt ce qu'il faut expoſer ſans détour. Les ménagemens, toujours puſillanimes, ſeroient aujourd'hui criminels.

Qui l'a corrompu, diſons-nous ?

A cette demande, le cri général de tous les vrais patriotes, de tous ceux qui ſont placés au centre des affaires politiques, un cri de douleur & d'effroi déſigne unanimement cet homme, dont l'exiſtence miniſtérielle eſt vraiment un grand déſaſtre dans les circonſtances actuelles, & ſera long-temps une plaie honteuſe à la France.

Oui, frères & amis, nous vous le jurons encore, l'eſprit public s'eſt vicié de la vertu de *Roland*. Depuis que ſes proxenètes l'ont reproduit au ministère, l'eſprit révolutionnaire eſt viſiblement atténué.

Mais, comment a-t-il pu l'affoiblir à ce point, en auſſi peu de temps?

Par la multitude innombrable de moyens qu'a ſçu lui procurer de toutes parts ſa place vraiment monſtrueuſe, dans le cercle républicain ; les manœuvres, l'argent, les libelles, tout a été fructueuſement employé à ce pernicieux uſage.

Roland a commencé d'égarer l'opinion ſur les événemens du 2 ſeptembre, par des affiches plantureufes, qui fembloient fortir de la plume de quelques prêtres réfractaires, ou de quelques nobles confpirateurs, échappés fortuitement à la vengeance expéditive d'un peuple juftement irrité.

Il l'a égarée par toutes ces louanges faftidieufes & menfongères qu'il s'eft fait prodiguer, jufqu'à fatiété, par un tas de journaliftes, ariftocrates déguifés, qu'il prit à fa folde, quand ils eurent perdu leur général Lafayette.

L'encens étoit fouvent groffier. Un homme de quelque mérite l'eût défendu févèrement aux plumes vénales qui l'en enfumoient tous les jours; mais le miniftre vertueux ne fe pique pas de délicateffe. On l'encenfe comme on peut, & il paye; car, dit-il, c'eft toujours de l'encens, & tout encens vaut fon prix.

En voyant ces panégyriques à la toife, qui couvroient tous les coins de rue, tous les pans de muraille un peu apparente, la plupart des patriotes ne penfèrent d'abord autre chofe, finon que, dans le pofte éclatant où une légère écorce de patriotifme avoit aidé à placer M. Roland, la tête lui avoit foudainement tournée; ils excusèrent même la foibleffe de l'homme qui, de mauvais architecte, d'avocat fans talens, d'infipide écrivain, d'inepte voyageur & d'ignorant infpecteur de manufactures, fe trouvoit tout-à-coup, fur la fin de fes jours, le perfonnage le plus puiſſant de tout l'empire. Ils ne le crurent donc, au commencement, qu'un homme ridicule & vain.

Mais, bientôt, ils devinèrent ſon but coupable, en s'apperçevant que ſa meute familière, qui avoit la baſſeſſe de le flatter journellement, ſans pourtant trouver une ſeule bonne action, une ſeule démarche méritante à rapporter de lui, que cette meute, diſons-nous, avoit auſſi la méchanceté de mordre, en même temps, tous les partiſans de la révolution, tous les hommes diſtingués par leurs lumières & leur civiſme.

Dès-lors, ils jettèrent des regards attentifs ſur ce vice-roi de la fabrique de MM. Briſſot & aſſociés ; ils examinèrent ſcrupuleuſement ſa conduite, & ils trouvèrent que le miniſtre, ſi publiquement vertueux *par affiches*, étoit ſecrètement, *par les faits*, le plus abſolu des dominateurs, & le plus hardi des ennemis du bien public.

Que n'avez-vous pu, comme nous, frères & amis, l'obſerver allant, venant, courant, querellant tous ceux entre les mains de qui il ne voyoit pas d'encenſoir ; ſe mêlant de tout ce qui ne le regardoit pas, & négligeant tout ce qui le regardoit ; y travaillant même même en ſens contraire, c'eſt-à-dire, ne procurant ni la paix de l'intérieur, ni les ſubſiſtances, ce qui eſt cependant le véritable objet & le premier devoir de la place qu'il occupe : mais, au contraire, foit par infuf-filance, foit par perfidie, difféminant partout les troubles, laiffant ou faifant germer par-tout des divifions inteftines, & combinant une famine dans la grande manière de Necker.

Que n'avez-vous pu, comme nous, être à por-tée de connoître tous les moyens corrupteurs, ou même tyranniques, qu'il a fi bien employés pour diriger, au gré de fes paffions, à l'avantage de fa mefquine & fâcheufe adminiftration, tous les travaux de ces manipulateurs de l'opinion publique, c'eft-à-dire, les journaliftes ?

Nous en connoiffons d'achetés par l'or ; d'autres gagnés par les fimagrées d'une coquette d'autant plus dangereufe, qu'une longue expérience l'a rendue plus experte à tous les genres de féduction ; d'autres, enfin, font fimplement allèchés par l'odeur des mêts friands qui couvrent la table, devenue tout-à-coup fplendide, du *vertueux par excellence* ; & ces trois moyens de corruption pour les folliculaires, lâches prôneurs de M. Roland, ont eu auffi leur efficacité à l'égard d'un grand nombre de motionaires miniftérieles, membres de la convention nationale.

Les Louvet, les Buzot, les Barbaroux, les Guadet, les Lanthenas, les Vergniaux, les Genfouné, &c. le refle ne vaut pas l'honneur d'être nommé, tous parafites affidés du miniftre de l'intérieur, font tous auffi les complaifans échos, ou les fabricateurs affociés de ces purulentes diatribes, de ces calomnies atroces, lancées fans relâche contre la ville de Paris, fa commune & fes fections, fes fociétés populaires, & colportées rapidement aux extrémités de la république, par l'adminiftration des poftes, toutes à la dévotion du calomniateur en chef, lequel ofe même faire arrêter & fupprimer, & notre correfpondance & tous les écrits qui, d'après l'examen criminel que fes agens s'en permettent, & le compte qu'ils lui en rendent, ne lui paroiffent pas cadrer avec fes vues fecrètes.

Mais, pourquoi Roland a-t-il des vues fecrètes, & quelles font fes vues fecrètes ?

Cette queftion, que vous devez naturellement faire, vous tous, frères & amis, qui cherchez de bonne foi la vérité, cette queftion fe trouve précifément la même que celle que nous avons déjà établie. Quel eft le but de ceux qui cherchent à corrompre l'efprit public, c'eft-à-dire à faire retrograder, anéantir même la révolution ?

Il eft facile de vous mettre en état de vous répondre à vous-même, & de vous rendre raifon de cette défertion fréquente de la caufe patriotique, que font impudemment beaucoup d'hommes en place, après avoir paru la fervir d'abord avec chaleur, alors qu'ils n'étoient encore rien, ou peu de chofe.

Ces changemens d'opinion, cette verfatilité politique ne font malheureufement pas un phénomène dans notre horizon révolutionnaire, depuis 1789.

Quel fut le but de Lafayette ; quel fut celui de Mirabeau, lorfqu'après avoir été tout par le peuple, ils voulurent être tout contre lui ?

Quel fut le but de tant de membres de l'affemblée conftituante & de la légiflative, lâches & mercénaires apoftats de la révolution, qui trouvent encore, tous les jours, des imitateurs, malgré que leur turpitude, reconnue à temps, n'ait eu pour eux que des fuites funeftes ?

Le but de tant d'intrigues, de fauffes démarches, de manœuvres compliquées, & de trahifons, c'eft chez tous ces déferteurs du patriotifme, c'eft celui d'étendre ou de perpétuer fa domination.

En fuppofant que Roland défirât garder, feulement une dixaine d'années, la place qu'il occupe, comme il l'a déjà fait imprimer par un de fes affidés, pour fonder le terrein ; en admettant, difons-nous, qu'il eût réellement cette modefte prétention, qu'auroit-il de mieux à faire que ce qu'il fait actuellement ?

Ne devroit-il pas chercher à donner à cette place une telle fupériorité, un tel éclat, une telle importance, que les autres places du confeil exécutif, lui devinffent fubordonnées, ou n'euffent qu'une confiftance précaire & foiblement apperçue ?

Que faifoit Octave, pour écrafer fes collègues dans le fameux triumvirat ? Il ne gagnoit pas de bataille ; il intriguoit, & fe mêloit de tout.

Mais Octave, avant de parvenir au point d'ufurper la toute-puiffance, fe permit-il jamais, par exemple, un trait auffi hardi que celui dont Roland a donné, il y a un mois, le fcandale à la France, à l'Europe entière, étonné que, dans un gouvernement républicain, un homme ait ofé fe placer feul entre la nation & le ci-devant roi, en pénétrant feul dans un lieu fi important, en s'emparant feul d'un dépôt qui appartenoit à la nation, en mettant fur fa tête, avec une audace fans exemple, toute la refponfabilité de l'affaire de Louis XVI ?

Ah ! plus cet attentat paroît inconcevable, plus il faut que les motifs qui l'ont fait commetre à cet homme, aient été puiffans & perfonnels !

Quoi ! l'on cherche, depuis cinq mois, à donner la plus grande publicité à tout ce qui fe rapporte aux machinations d'une cour confpiratrice, & Roland, ayant enfin découvert l'ouvrier qui avoit pratiqué, pour le defpote, le réceptacle de fa correfpondance la plus fecrète, au lieu de prévenir la convention, ou du moins quelques - uns de fes comités, de cette intéreffante découverte, accourt inopinément, & feul, aux Thuileries, rencontre les députés Goupilleau & Laloi, commiffaires nommés antérieurement par l'affemblée, pour affifter d'office a toutes les recherches d'effets ou papiers qui pourroient fe trouver au château, les falue filencieufement ; & au lieu de profiter de la préfence de ces deux témoins refpectables , qui fe trouvoient là, merveilleufement à portée pour tout homme qui n'eût pas médité un crime, il les fuit rapidement, entre dans l'appartement de Louis, referme avec foin la porte, ne garde avec lui que le ferrurier, fait ouvrir l'armoire myftérieufe, porte une main hardie fur ce que contenoit cette cavité précieufe, & tient à fa difpofition intime & fecrète, pendant deux heures, & les deftinées de Louis, & peut-être celles de la France, qui eût, fans doute, vu dans fes papiers, s'ils lui euffent été fidèlement remis, tous les noms, toutes les liftes des traîtres qui la vendoient à fon tyran, la veille même du 10 août.

Il ne difconvient pas d'avoir gardé, pendant deux heures, & même parcouru feul ces papiers, puifqu'il en fit, devant la convention, une forte d'analyfe, une indication marquée d'une partie de leur contenu , à l'heure même où il les apporta fur le bureau. Mais , puifqu'il étoit maître du fecret qui ouvroit la porte de fer , qui nous dira qu'il n'y foit pas venu furtivement la veille du jour où il lui a plu d'informer la convention ; & nos foupçons , à cet égard , outre qu'ils naiffent naturellement de fa conduite , ont déja même acquis un commencement de forte preuves ?

Si Roland , dans une ou deux de ces incurfions clandeftines , s'eft en effet permis de fouftraire de ces papiers , ce qui le compromettoit lui-même , ce qui compromettoit trop clairement les membres de la dernière affemblée légiflative , combien fon influence doit s'en accroître encore !

Il faura s'en fervir pour attacher indiffoluble-ment , à fon char , certains députés prévaricateurs qui , fi jamais ils refufoient de feconder fes vues ambitieufes , feroient menacés par lui de voir publier les preuves écrites de leurs premières perfidies.

Oui , Roland a fait un coup bien téméraire , en enlevant feul ces papiers ; mais c'eft un coup de parti : il a , par cela feul , mis dans fa dépendance entière , & néceffité à le fervir , tous les intrigans les plus déliés. Il règne fur certains par la crainte , & par l'or fur beaucoup d'autres.

Nous difons par l'or , & ce n'eft pas fans caufe. Outre les bénéfices faifables dans les geftions im-

menfes, remifes imprudemment à fes foins pernicieux, telles que celles des domaines royaux, des
biens des émigrés, & tant d'autres objets qu'il a
fait adroitement entrer dans le vafte cercle de fon
département, & qu'il a confiées à fes fectaires,
n'oublions pas que, depuis trois mois, il s'eft
fait attribuer, fous divers prétextes, une fomme de
plus de quarante millions ; & l'on peut prédire hardi-
ment que le compte qu'il en rendra, fera, fans en
excepter celui de Necker, fon modèle en hypo-
crifie & ambition, le plus difficile de tous ceux
qui, jufqu'à ce jour, aient dû être produits à
une nation, qui femble condamnée à voir, fans
ceffe, dilapider fes finances.

Nous penfons même que ce fléau, nommé Ca-
lonne, n'a pas été auffi funefte à l'état, que le
fléau nommé Roland, fi la convention ne s'apperçoit
enfin du danger de fouffrir plus long - temps le
coloffe formidable qui, embraffant à lui feul toutes
les extrémités de la république, pèfe fur fa furface,
& doit finir par en détruire l'équilibre.

Que les légiflateurs, pour calmer nos alarmes
politiques, s'empreffent donc de diffoudre un pouvoir gigantefque, qui commence déjà par les braver
eux-mêmes. Que cette place fi terrible de miniftre
de l'intérieur, foit anéantie, ou divifée entre plufieurs fonctionnaires.

Car, dans un état où il n'y a point de roi, le miniftre de l'intérieur en a dès-lors l'influence, à-peu-près comme un intendant peut difpofer & difpofe arbitrairement de tout dans une maifon dont le maître eft abfent.

En effet, voyez un inftant avec nous, frères & amis, ce qu'eft un miniftre de l'intérieur dans le fyftême républicain, & combien fon exiftence heurte les principes, & compromet la liberté nationale.

Un miniftre de l'intérieur eft un homme qui comprime à volonté toutes les forces morales de l'empire ; il donne des commotions à toutes les parties ; il tient dans fes mains tous les leviers qui les peuvent mouvoir : il règne par fa correspondance, avec les adminiftrations des départemens ; il règne par les erreurs qu'il y fait circuler ; il règne par les récompenfes remifes à fa difpofition, & qui ne deviennent le partage que de fes adhérens.

Il preffe ou retarde, à fon gré, les mouvemens qu'il imprime ; il agite ici, il calme là, & toujours par des moyens cachés, & fans fe compromettre : car, dit-il, ma place m'oblige à connoître tout ce qui fe paffe dans l'intérieur.

Les autres miniftres n'ont qu'une influence partielle & relative, pour chacun, feulement à la partie qui lui eft confiée. Le miniftre des affaires étrangères ne se mêle point de la guerre ; celui de la marine n'a rien de commun avec celui des contributions publiques, qui ne maîtrise point celui de la justice.

Mais, un ministre de l'intérieur, prétendant devoir surveiller tout l'empire, fait insensiblement prendre à tout l'empire l'opinion qui lui convient ; il travaille, il dispose sourdement les esprits, & de son pouvoir à celui d'un protecteur, il n'y a d'autre différence que celle du nom.

Si la place par elle-même a tant de rapports avec celle du protectorat dans une république, certes, entre le plus fameux des protecteurs dans le siècle passé, & le plus hypocrite des ministres de la nouvelle république, les gens qui aiment les rapprochemens, trouveront plus d'une ressemblance.

Et de véritables patriotes ne frémiroient pas d'indignation, en voyant ainsi la liberté menacée par un homme dont chaque démarche est une atteinte meurtrière qu'il lui porte, dont chaque parole est captieuse, chaque écrit une calomnie ou un outrage à ses plus ardens défenseurs ; par un homme dont l'humeur, de tous temps bilieuse & despotique, l'excite à des injustices sans nombre, à des vexations criantes, à des mesures absolues, arbitraires & souvent *criminelles* : oui, criminelles, c'est le mot ; & pourquoi ne le dirions-nous pas, puisqu'il

ne craint pas d'en mériter la qualification? Car,
outre l'attentat dont nous avons porté fur les
papiers de l'armoir à porte de fer, ce qui certai-
nement eft un grand crime, & peut-être, dans
la crife actuelle, le plus funefte de tous les crimes
que l'on pût commettre contre la nation entière,
ce miniftre ne vient-il pas, tout-à-l'heure, en face
de la convention, de lui mentir impudemment
fur le rapport demandé au confeil exécutif, pour
connoître la fituation de l'empire? N'eft - il pas
venu hier avancer effrontément que le mémoire
qu'il préfentoit, avoit été communiqué à fes collègues les miniftres, membres de ce confeil, qui
l'avoit approuvé, difoit-il, & que, par conféquent,
la convention devoit regarder comme le compte
de tous les miniftres?

A peine ce menfonge hardi avoit découlé des
lèvres du miniftre vertueux, que fes collègues,
fans rien favoir de fes affertions fallacieufes, font
venus préfenter leurs comptes particuliers, ainfi
qu'il étoit de leur devoir, & nier pofitivement
que Roland leur eût communiqué. Alors, les plus
fanatiques partifans du miniftre vertueux ont été
forcés de convenir que du moins la véracité ne
pouvoit entrer dans l'énumération des qualités fup-
pofées, qui lui avoit fait ufurper ce titre.

Ah! fans doute, ce trait feul fuffiroit pour

B

donner à tout patriote impartiale, la jufte mefure de la confiance que l'on doit à un impofteur qui tient les rênes de l'empire : mais il y a long-temps que nous avons jugé l'idole ; & le refus conftant de notre hommage auroit dû vous avertir de vous défier d'elle, vous , frères & amis, qui ne pouvez la voir que dans l'éloignement & à travers les illufions d'optique qu'elle a fi bien fçu fe ménager. Et vous, fociétés égarées par certains membres même des députations de vos départemens refpectifs, efclaves ou complices de Roland, puis-fiez – vous bientôt reconnoître, pour ce qu'elles font, toutes les opinions deftructives de la liberté, toutes les erreurs que nous favons vous arriver , fans ceffe, par mille canaux empoifonnés, & fous toutes fortes de formes perfides.

C'eft dans cette efpérance que vous nous vérrez toujours prêts à excufer le fcandale que plufieurs de nos fociétés affiliées , donnent depuis quelque temps par des adreffes à la fociété-mère , où, prenant un langage tout au moins déraifonnable, elles prétendent mieux favoir, à deux cents lieues de Paris , ce qui s'y paffe d'utile ou de dangereux à la liberté, que nous qui fuivons des yeux tous les mouvemens , qui conniffons toutes les trames, toutes les coalitions perfides , & nous appliquons, fans ceffe, à déjouer les intrigans & traverfer les ambitieux.

Car, remarquez, frères & amis, que, malgré tout ce qu'il plaît à Roland & compagnie de vous faire écrire contre nous chaque jour, vous ne pouvez cependant, si vous voulez y réfléchir, vous difpenfer d'avouer que, depuis l'ctabliffement de notre fociété, invariable dans fes principes, courageufe dans fes combats, elle a voulu & n'a voulu que la liberté, l'égalité & la vérité.

Elle n'a point d'hommes à prôner, elle n'a que des principes à foutenir ; & s'il eft dans fon fein des membres qui s'y font acquis une grande confidération, c'eft qu'une longue continuité de travaux utiles à la patrie ; c'eft qu'une marche conftante dans la bonne voie ; c'eft qu'une lumière toujours pure, toujours fûre, attire néceffairement l'eftime & les regards des vrais amis de la patrie.

Mais fi, quelque jour, contre toute apparence, ceux dont nous parlons ici avec le plus vif intérêt, délignoient de la route qu'eux-mêmes vous ont tracée pour opérer la révolution, alors, mais alors feulement, vous nous verriez, fidèles fectateurs de la feule raifon & de l'eternelle juftice, abandonner ceux qui, comme Roland, pourroient les méconnoître, au milieu d'un cercle inattendu de richeffes & de puiffance.

Mais, loin de nous une telle idée : nos cœurs la repouffent vivement, & fa réalité nous paroît prefqu'impoffible ; car , maintenant , ces amans de la liberté font de véritables amis éprouvés dans les circonflances les plus délicates.

Il faut fe réfumer par un tableau frappant de reffemblance, des caufes de nos divifions intérieures.

Frères & amis , vous voyez , d'un côté , un homme , très-médiocre fous tous les afpects, devenu tout-à-coup puiffant par la protection de Briffot & des députés de la Gironde ; adoré de tous les ariftocrates , de tous les citoyens aveuglés ou fufpects, détefté de tous les patriotes.

De ce même côté , un certain nombre de députés , qui defirent en leur ame & confcience que les chofes arrivent au point de néceffiter le fédéralifme, fyftême ruineux & deftructeur de la puiffance de l'empire (& dont nous vous entretiendrons plus amplement quelque jour) , chimère véritament déforganifatrice, que Roland flatte cependant ouvertement , & dont il accueille & encourage journellement tous les apôtres , non que ce foit fa vraie manière de penfer , mais pour faire adroitement fervir à fes intrigues particulières, & même , fans qu'ils s'en doutent , tout l'imprudent parti des fédéraliftes.

Voyez encore , de ce même côté , Briffot, le cauteleux Briffot, & véritablement plus qu'aucun autre, l'anti-patriote françois. Celui-ci pourroit , aux yeux des obfervateurs exercés, paffer pour le chef d'un troifième parti, encore plus dangereux que le defpotifme de Roland, que le fédéralifme de certains députés ; car ce feroit le parti du cabinet de Londres. Et, en effet, fi le miniftère britannique vouloit à fa difpofition un homme fubtil, un perfonnage jéfuitique dans la convention nationale, pourroit-il avoir mieux choifi que le député Briffot, ci-devant vernific de patriotifme ?

Et combien cette idée paroît jufte à ceux qui fe fouviennent que le député Briffot a pris long-temps l'Angleterre pour fa patrie adoptive ; qu'il y a long-temps féjourné, politiqué, imprimé, fpéculé, intrigué & donné par-là la mefure de fon caractère & l'apperçu des moyens qui peuvent le rendre utile à ceux qu'il voudra fervir.

Voyez, de l'autre côté, des patriotes zélés qui, fatisfaits de leur triomphe, doivent effentiellement defirer la paix & l'harmonie dans toutes les parties d'une république, qu'ils ont conquife à travers tant de dangers.

Voyez ici un pouvoir arbitraire s'étendant infenfiblement, & s'immifçant par-tout ; là, une réfiftance non de fait, mais feulement d'opinion : ici des départemens tels que celui du Finiftère, qui ofent fommer la convention de chaffer de fon fein tout ce qui fait ombrage à Roland, & furtout les plus chauds, les plus conftans amis du peuple ;

ici enfin , une cour nouvelle avec tout fon defpotifme , fes mœurs fybarites , & fon code d'efclaves ,
& chez la fociété des Jacobins ni richeffes , ni
places , ni honneurs.

De quel côté la liberté eft-elle donc en danger,
& qui doit agiter & corrompre , finon ceux qui
en ont les moyens , & qui peuvent en retirer tout
le fruit ?

Nous ne pouvons , frères & amis , nous déter-
miner à finir cette fraternelle circulaire , dont les
circonftances ont néceffité l'étendue , fans répondre,
une fois pour toutes , à ces dénominations d'agi-
tateurs , de factieux , de déforganifateurs , dont
quelques-unes de nos fociétés affiliées fe font permis
de nous gratifier tout nouvellement , d'après les
infinuations que l'on a pris foin de leur faire parvenir.

Nous vous ferons d'abord remarquer que la cour,
fes partifans Lafayette , &c. nous appeloient auffi
de même , tandis qu'ils qualifioient les émigrés ,
les pruffiens , de véritables amis de la France, qui
alloient la purifier & la réorganifer heureufement.

Ne fommes-nous donc pas naturellement auto-
rifés à préfumer que ceux qui parlent de nous ,
comme la cour & Lafayette , penfent en fecret ,
& agiffent même comme Lafayette & la cour.

Refte aux fociétés égarées , qui fe font les échos
de toutes ces dénominations , ridicules dans leur
application à la fociété des Jacobins , refte à dé-

cider si elles veulent aussi penser comme nos an-
ciens calomniateurs.

Nous vous retracerons ensuite notre immuable
profession de foi, celle que nous avons maintenue,
& maintiendront toujours, à tous risques, périls
& fortune.

Point de souverain que le peuple.

Point de despote que la loi.

Point de loix que des loix républicaines.

Point d'empire morcelé en parties fédérés ; mais
unité de gouvernement, pour avoir unité d'action ;
unité de résistance, & offrir à toutes les puissances
rivales ou ennemies de la France, un tout impo-
sant par sa force concentrée, qui la maintienne
libre, indépendante & victorieuse de toutes les
attaques de ses adversaires.

Si la sévérité de ces principes nous fait haïr
par ces gens qui voudroient regarder les places
qu'ils occupent, comme un bien de patrimoine
dont ils peuvent disposer à leur gré, tant pis pour
ces gens en place ; les soupçons contr'eux sont
dès-lors justifiés : le crime hait la lumière, & voilà,
en un mot, la cause de ce déchaînement que certains ministres & certains députés tâchent d'exciter
contre la société qui, par le genre de son établissement,
est devenue pour eux la plus redoutable sentinelle
& le plus incommode fanal.

Mais, la société brave leurs clameurs, & se rit

(24)

de leurs intrigues : ils passeront ces hommes , &
la société restera debout, toujours animée de l'amour
du peuple & de la haîne des oppresseurs , toujours entourée des armes à jamais triomphantes
de la raison & de la justice.

Ou bien, si le malheur de la France vouloit
que les sociétés populaires , déjà violemment atta-
quées , fussent un jour dissoutes par un renverse-
ment de tous les principes ; alors, le dernier des
membres de ceux qui composent la nôtre, dût-il
lui survivre seul, sauroit, ou poignarder le tyran,
comme *Brutus*, ou en expirant comme *Sydnei* sur
les debris de la république, il sauroit garder du
moins son serment ; il sauroit, malgré tout, VIVRE
LIBRE OU MOURIR.

EXTRAIT DU PROCÈS-VERBAL.

*La Société dans sa séance du mercredi, 7 janvier
1793 , l'an deuxième de la République française,
a arrêté l'impression de cette circulaire, son envoi
aux Sociétés avec qui elle fraternise.*

MONESTIER , député, *président.*

F. DESFIEUX, *vice-président.*

BOURDON , CHALLES , DROUET, députés ;
LAFAYE, MITTIÉ, fils, AUVREST, *secrétaires.*

De l'Imprimerie de L. POTIER DE LILLE, imprimeur
rue Favart, N°. 5.